M. DE LA JOBARDIÈRE

AUX

ACTEURS, ACTRICES

ET CRITIQUES

DU THÉATRE FRANÇAIS.

M. DE LA JOBARDIÈRE

AUX

ACTEURS, ACTRICES

ET CRITIQUES

DU THÉATRE FRANÇAIS.

Le monde est plein de fous, et qui n'en veut pas voir,
Doit se renfermer seul et casser son miroir.

Prix 1 fr. 50 c.

A PARIS,

Chez { MIGNERET, Imprimeur-Libraire, rue du Dragon, N.° 20, Faubourg S.t-Germain ; ROSA, Libraire, au Palais-Royal.

1815.

M. DE LA JOBARDIERE.

Vires acquirit eundo.

LE théâtre est une sorte d'anarchie où le dernier venu est toujours étouffé. Une débutante menace-t-elle d'écraser par la force de ses talens des reines tant soit peu surannées, le public connaisseur la couvre-t-il d'applaudissemens, aussitôt les princesses assemblent leurs fidèles sujets, en leur donnant pour mot d'ordre *Tolle* et pour mot de ralliement, *j'enrage*. Malgré les efforts des cabales salariées, l'actrice ne perd pas courage et fait elle-même d'heureux efforts pour rompre la digue qui s'oppose à sa stabilité.

Une *ingénue* qui marche rapidement sur la *quarantaine* s'obstine sans cesse à entretenir les spectateurs de ses vertus, de sa fraîcheur, de son innocence, etc., etc., etc., elle recommande bien, avant son départ, à ses conseillers ou à ses satellites de ne pas souffrir qu'une femme et plus belle et plus jeune, douée d'une rare intelligence (1), pa-

_____
(1) Leverd.

proche seulement du trône....... d'où elle va bientôt descendre.

    M..., qui marche sur quarante ans,
    En vain de l'aimable innocence
    Voudrait imiter les accens ;
    M... tombe en décadence
    Et ne s'apperçoit pas
    Que ses faibles appas
    Ressemblent à la rose
    Qui ne dure qu'un tems ;
    Que M... donc se repose
    Un peu sur ses vieux ans.

Au théâtre, avec quelques louis, quelques douzaines de billets, on trouve des souteneurs qui forment chorus depuis le lever du rideau jusqu'à la fin de la pièce. Oh! comme M... a bien joué, s'écrie un franc parleur!!! depuis le premier acte jusqu'au dernier, la salle ne retentissait que de *bravo*; et quand le *Chevalier Français*(1), l'*adorable Isménie*(2), la *charmante Zaïre* (3) obtiennent cette jus-

―――――――――――――――――――

(1) Lafon.
(2) Rose Dupuis.
(3) Bourgoin.

tice ; ce sont des sots qui ont applaudi, écrit un Zoïle moderne dans son feuilleton.

Enfin Hésiode a eu raison de dire : « que le potier porte envie au potier, le forgeron au forgeron, le musicien au musicien. » — Il eût dû ajouter : « l'acteur à l'acteur. »

AU VIEIL ÉMIGRÉ,

Rédacteur du Journal-général de France.

Je lis patiemment tous les journaux depuis mon retour d'Angleterre ; je fréquente beaucoup les spectacles, et je dois rendre justice à mon confrère d'infortune : ses articles pétillent d'esprit et de vérités ; son acquisition à ce nouveau journal est un trésor précieux ; car il est peu d'*Aristarques* à figure nouvelle, qui réunissent autant de gaieté et de profondeur. Courage ! mon vieil émigré, courage ! il ne vous faut qu'un coup de plume pour écraser ou désarmer des champions à l'apparence redoutable. Je vous accorde sur eux la préférence, parce que j'aime étrangement les revenans, et votre personne, sans flatterie, est un revenant-bon.

A M. MARTAINVILLE.

La fonction de journaliste, ou pour mieux

dire, de critique à la journée, n'est pas aussi facile à remplir que l'on veut bien se l'imaginer. Il faut battre vingt fois le même sentier et combiner tellement ses articles, qu'une vieille tête paraisse toujours jeune. M. Geoffroy (d'heureuse mémoire), possédait au suprême degré cette rare facilité, et quoiqu'il compulsât les *ouvrages des savans* (comme le font sans scupule tous ces messieurs) il savait mêler à ces compilations des idées neuves et fort élégantes ; il lui arrivait de temps à autres, quelques licences qui changeaient en personnalités indécentes ses réflexions malicieuses. La nature l'avait doué d'une grande perspicacité ; l'étude, de connaissances profondes, mais il attaquait injustement, à tort et à travers, des acteurs ou des actrices qui oubliaient d'apporter leurs étrennes.......— c'était un tribut nécessaire à la réputation du comédien.—Sa mort a privé les vrais amateurs d'un homme dont on devrait recueillir les bons mots, plutôt que de confier à l'impression les lourdes *bêtises* des Brunet et des Potier.

M. Martainville qui pense que :

« Tout feseur de journal doit tribut au malin, »

se plaît à sacrifier souvent à son penchant

irascible, le jeu naturel des acteurs; aussi lorsqu'il se trouve au théâtre et qu'il a déclaré guerre ouverte à quelqu'infortuné, son corps, sa langue, sa plume, son esprit, tout est en mouvement. Il est vraiment fâcheux qu'un rédacteur qui varie infiniment le plaisir des abonnés par l'originalité et la gaieté de ses articles, abandonne à des causes qui me sont inconnues des principes de justice. Qu'il prenne garde de tomber dans les défauts de feu M. Geoffroy; il vaut mieux transiger avec son esprit, que de profaner le culte de la vérité. Au reste, on espère que ce journaliste dont j'estime singulièrement les talens, reviendra bientôt sur ses erreurs.

Sur M. C. attaché au Journal des débats.

On ne peut se dissimuler que M. C... n'ait dans ses écrits le cachet d'un sage observateur; mais jusqu'à ce jour, ses articles n'ont point eu l'art d'égayer ses lecteurs, comme ceux de Martainville et du Vieil Emigré. Un rédacteur ne doit pas prendre le masque de rhéteur.

En conseillant à M. C., doué du reste, de tous les talens utiles, d'embellir ses tableaux, je crois que ce sera le vrai moyen d'enchaîner des abonnés qui désertent à l'infini, parce qu'un feuilleton, prétendent-ils, ne doit pas produire le même effet que le pavot.

TRAGÉDIE.

Les spectacles sont le foyer de la bonne éducation, et c'est envain que les préjugés s'efforcent de couvrir d'une sorte d'ignominie les personnes qui consacrent leur vie à cet art admirable. Citez des ouvrages dans tels genres que ce puisse être, qui charment autant l'oreille et ravissent autant le cœur que les chefs-d'œuvre de nos premiers auteurs tragiques. C'est au théâtre que l'homme s'instruit, c'est-là qu'il rectifie son langage, et que son ame, touchée par de vives impressions, est toujours prête à suivre les principes de morale que l'on y prône, et à s'écarter des ridicules que l'on y censure d'une manière si adroite.

Rappelons-nous que l'Orateur Romain étudia la déclamation sous le comédien Roscius, à qui il dut, en partie, sa réputation éclatante.

L'art de la déclamation, a dit le philosophe de Ferney, demande à la fois tous les talens d'un grand orateur, et tous ceux d'un grand peintre.

TALMA.

Talma a atteint une perfection désespérante, et il ne s'agit que de le voir dans Manlius, Britannicus, Gabrielle de Vergy, pour être pénétré de cette vérité : lorsque l'ambition, la haine ou la vengeance nous invitent à commettre un crime, cette fatale pensée, de devenir assassin, n'opère-t-elle pas des commotions terribles ? Ces soulèvemens d'abord concentrés, ne se manifestent-ils pas par degrés sur les traits de notre visage ? Néron doit-il avoir les regards rians, quand il prononce la mort de son frère, victime de sa perfide jalousie ? Talma est digne des éloges que lui accordent les amateurs qu'aucune prévention étrangère à son talent n'égare dans leur opinion ; il représente avec une vérité effrayante, avec un naturel horrible, si l'on veut, les despotes qui ont couvert la terre, les fleuves et les mers du sang innocent de leurs sujets.

LAFON.

Le parallèle que l'on fait entre ces deux célèbres acteurs est faux, parce que leur emploi est différent. *Talma* excelle dans la peinture des passions féroces ; *Lafon* au contraire, excite l'admiration générale dans les rôles où la noblesse et l'amour engagent un combat pénible avec le crime et toutes ses astuces. C'est un vrai chevalier français qui malheureusement néglige depuis quelques mois ses moyens féconds.

Lafon devrait jouer la comédie, où il excelle. — *Supereminet omnes.*

SAINT-PRIX.

Les vives douleurs que *Saint-Prix* a ressenties de la mort de son fils unique ont singulièrement infirmé ses facultés; cependant il n'a pas encore perdu ce cachet qui distingue les grands maîtres; et dans les rôles d'Artaban, Mithridate, Auguste, Burrhus, il prouve que le diamant, tel rouillé qu'il paraisse, ne perd rien de son prix.

MICHELOT.

Michelot dit extrêmement bien; il mérite cette réputation sous mille rapports; il est fâcheux pour lui que son organe ne soit pas plus mâle et sa taille plus tragique. J'ajouterai qu'il joue avec succès la comédie; il sait prendre tous les ridicules, et récemment dans la *Belle Fermière*, il a peint à ravir nos freluquets du jour.

DESPRÉS.

Un mauvais plaisant disait dernièrement : que Després ferait bien de jeûner tout un carême pour diminuer sa masse pesante ; car il a plutôt l'air, dans certains rôles, d'un marchand de bœufs de Poissy que du confident d'un prince.

LACAVE.

Acteur à prétention, fou de son état, mais sans moyens.

COLSON.

Colson a quelques talens qu'il est dans l'impossibilité de développer, puisqu'aux Français, les rois des coulisses étouffent, dès leur naissance, les sujets qui se croient capables de porter le manteau.

DEMOUSSEAUX.

Desmousseaux n'est pas dépourvu d'intelligence et même de sensibilité ; mais son maintien est trop roide et ses yeux sont trop hagards sur la scène.

M.lle RAUCOURT.

On révérait à Athènes les belles statues ; en France, on demeure en contemplation devant les talens fameux, et M.lle Raucourt a déjà son entrée dans le temple de l'immortalité.

Elle vient de terminer sa carrière.

M.lle GEORGES.

Les contrées du Borysthène avaient réfroidi un peu les talens de cette belle actrice ; mais je ne sais à présent si elle n'éclipse sa rivale, M.lle Duchesnois. On l'accusait de préférer les glaces à l'étude, et elle retrouve aisément aujourd'hui ce qui n'était qu'égaré. Tout récemment dans Sémiramis, elle a excité l'admiration générale.

M.lle DUCHESNOIS.

La renommée a assigné à cette actrice un rang tel que ni les sifflets, ni les cabales, ni même ses nombreux défauts, (par exemple, la lenteur fatigante de sa déclamation), ne pourraient le détruire dans l'esprit du public.

M.lle BOURGOIN.

M.lle Bourgoin est sans contredit la plus jolie actrice de Paris. Tour-à-tour élève de Thalie et de Melpomène, elle représente aussi bien l'intéressante Nanine que la belle Iphigénie. — Talma fut son maître, et l'élève prouve chaque jour qu'elle est digne de succéder à M.lle Mars, qui l'empêche de développer ses heureux talens.

M.lle ROSE DUPUIS.

L'actrice des Français qui a l'organe le plus frais, le plus agréable, et la figure la plus intéressante, est M.lle Rose Dupuis. Il est extrêmement fâcheux qu'une aussi jolie personne, et qui pourrait développer un jour de grands talens, ne paraisse jamais sur la scène que dans les rôles de confidente ; j'ajouterai que cette actrice est généralement aimée du public qui s'alarme comme moi de la captivité où on veut la plonger. Il serait à desirer que M. le duc de Duras honorât de sa protection les sujets qui promettent beaucoup et que l'envie retient ainsi dans l'oubli. Les arts et les amateurs y gagneraient.

M.lle VOLNAIS.

M.lle Volnais a force sensibilité et n'en use que trop. Elle devrait arrêter les torrens de larmes qu'elle répand avec profusion, et changer, s'il était possible, son débit mélancolique. — M.lle Volnais fait preuve de talens dans les rôles de la comtesse d'Almaviva et d'Eriphile.

M.lle PETIT.

M.lle Petit est de toutes les débutantes celle qui a excité le plus l'admiration des habitués ; elle joint à un physique mâle un organe fort, (mais souvent trop acerbe,) et une taille vraiment romaine. Il semble qu'elle soit née pour représenter les héroïnes de Corneille ; car lorsqu'elle veut adoucir ses regards et subjuguer l'ame du spectateur par de tendres épanchemens d'amour, sa voix se plie difficilement à de telles expressions. Elle doit se défier des éloges pompeux de MM. les Journalistes ; plus ils l'élèvent, plus elle aura de peine à soutenir sa réputation naissante, et elle la soutiendra d'autant plus difficilement, qu'elle ne prend pour modèles que le sentiment, que la nature . . . . . . et que jusqu'ici, le théâtre n'a eu que des copies imparfaites soutenues par des cabales salariées.

M.lle PATRAT.

Il est vraiment surprenant et affligeant que MM. les sociétaires dédaignent de choisir une actrice dont le phlegme ne soit pas l'apanage, et qui puisse du moins être de quelque assistance à Mlles Georges et Bourgoin. Mlle Patrat parle toujours sur le même ton, et jouit du sobriquet *patraque* qui dénote assez son exiguité. Il ne faut souvent qu'un personnage aussi faible pour détruire l'illusion d'une pièce entière.

COMÉDIE.

FLEURY.

Cet acteur, la perle des Comédiens français, est trop connu pour que j'émette une opinion qui ne serait que l'écho des sentimens de la cour et du public. Il est malheureux que son âge le force à une retraite prochaine. Il n'y a que que Damas et Lafon dignes de le remplacer.

DAMAS.

Damas a beaucoup de chaleur; il a dans le Dissipateur, la Métromanie et les Deux Gendres de très-beaux momens.

ARMAND.

Armand remplacera un jour dignement l'un de nos marquis. Il a beaucoup d'ame et excelle dans le drame. Je lui conseille de ne pas écouter les flagorneurs qui l'élèvent déjà aux nues. — On peut lui reprocher avec raison de mettre trop de volubilité dans ses expressions.

MICHOT.

Sa réputation est faite comme celle de Fleury. Il excelle dans les rôles de marins, par exemple, dans les Deux Frères, et dans ceux qui exigent une sorte de bonhomie.

BAPTISTE aîné.

S'affuble de costumes ridicules dans la tragédie, et ne sait que faire de ses bras longs et gênans ; mais dans la comédie ce n'est plus le même homme ; au lieu d'exciter la critique, il la fait changer de figure par les applaudissemens réitérés qu'il s'attire.

SAINT-PHAL.

Voyez-le dans le Dissipateur, le Bourru bienfaisant, les Héritiers, etc., etc., et vous conviendrez avec moi qu'il est impossible de réunir plus de naturel, de vivacité et d'originalité. — Il a, prétend-on, une demoiselle qui se propose de débuter, et qui hérite déjà des talens du père.

THÉNARD.

Excellent comique, laissant peu de desirs à satisfaire.

BAPTISTE cadet.

Caricature bien plus piquante que ces portraits ridicules qui remplissent la boutique de Martinet.

DE VIGNY.

Prononcer son nom, c'est faire un éloge.

CARTIGNY.

A de grandes facilités dont il a usé sagement jusqu'à ce jour. Il deviendra un valet précieux au théâtre, pourvu qu'il ne se laisse pas éblouir par l'encens que prodiguent des amis complaisans.

DUMILATRE.

Acteur plein d'intelligence.

FIRMIN.

Beaucoup de jeunesse, beaucoup d'ardeur, avec ces dons, *Firmin* arrivera au port sans naufrage.

BAUDRIER.

Passable

VALMORE.

Elève de M.lle Raucourt, doué de quelques moyens.

VANHOVE.

Que fait M. Vanhove ? — Il joue la comédie. Que fait-il encore ? — Il est à la tête d'une agence générale des spectacles. — Eh! bon dieu, qu'il y reste.

FAURE.

Faure doit se défier de ses forces ; il n'a pas assez de naturel dans son jeu, et le rôle de Figaro qu'il a tenté de remplir, était pour lui un coup de loterie; il s'en est passablement tiré, il a même éloigné toutes mes préventions.

M.lle LEVERD.

Digne héritière des talens de M.lle Contat.

M.lle Leverd connaît très-bien la scène, et lorsque je vais aux Français, je cherche toujours à la prendre en défaut, et toujours mon attention reste vaine. — Messieurs les rédacteurs entraînés par l'esprit de critique qui les dirige, reprochent à cette actrice de grasséyer par trop, de mettre trop de volubilité dans son langage, et moi, j'applaudis au contraire, à la vivacité du jeu de M.lle Leverd, parce que je crois ses gestes naturels. M.lle Leverd que l'on peut nommer avec raison la meilleure coquette du Théâtre Français et par conséquent de tous les théâtres du monde, joint un double mérite; elle chante très-agréablement, et dans les pièces mêlées de divertissemens, elle ravit le parterre, non-seulement comme actrice, mais encore comme cantatrice. Est-il besoin d'ajouter qu'elle réunit à tant de talens une figure charmante?

On a écrit beaucoup sur la rivalité de M.lles Leverd et Mars; ces discussions ne m'ont pas empêché de découvrir la vérité à travers les nuages qui la masquent.

M.lle MARS.

M.lle Mars (1) joue très-bien les ingénuités, et laisse une belle carrière à parcourir à M.lles Leverd, Bourgoin et Dupuis.

---

(1) Mes observations critiques sur cette actrice, justement célèbre, ne reposent que sur des considérations d'âge qu'elle fait souvent oublier.

M.lles MARS et BOURGOIN.

La Géorgie n'a point créé de beautés aussi parfaites que M.lle. Bourgoin. Que de douceur ! Que de grâces !

Les Reines et les Paméla du Théâtre Français commencent à devenir très-surannées, et je remarque avec peine que MM. les sociétaires ne stimulent pas plus ces doubles qui sembleraient promettre des succès rapides, si les cabales, la jalousie et une présomption fatale, ne retenaient l'élan de ces actrices que l'étude rendrait un jour célèbres. Par exemple, pourquoi M.lle Mars qui dans deux ans ne pourra pas décemment jouer les ingénuités, se refuse-t-elle de laisser cet avantage à M.lle Bourgoin, que sa fraîcheur, sa capacité, rendent digne d'un tel emploi? Que l'on ne m'accuse pas ici de prédilection particulière : je soutiens, que si cette charmante Nanine appercevait l'ombre du passage, ou pour m'exprimer d'une manière plus précise, la possibilité de jouer quelques rôles favoris de M.lle Mars; à cette douce oisiveté dont on la taxe, succéderait bientôt un goût décidé pour la culture d'une entreprise jusqu'ici en herbe, puisqu'on lui en enlève tous les moyens.

Je ne prétends pas ravaler l'art de M.lle Mars. Les critiques les plus sévères lui rendent une justice peut-être trop exagérée; mais elle doit savoir que l'âge moissonne les plus beaux édifices de la nature, et que les roses qu'elle conserve encore, ne sont pas des roses immortelles. Ce n'est donc qu'en accoutumant de bonne heure le public à l'abandon de quelques rôles principaux, qu'il ressentira moins vivement sa cruelle privation, si M.lle Mars montre assez de prudence pour choisir un autre emploi où elle cueillerait de nouveaux lauriers Il y aurait même dans ces procédés, (qui deviendront une nécessité), une sorte de grandeur d'ame, une solidité de raison, qui attireraient sur elle la bénédiction de ses collègues et l'estime des habitués toujours enorgueillis de sa possession.

M.me MICHELOT.

Elle tient un juste milieu dans l'opinion du parterre, c'est-à-dire, qu'elle plaît dans l'emploi qu'elle occupe.

M.lle MEZERAI.

O tempora! pourquoi détruisez-vous si rapidement la beauté, l'organe et quelquefois les talens ? M.lle Mézerai qui fit courir jadis tout Paris, reste maintenant plongée dans un profond oubli, et ne semble reparaître sur la scène, que pour exciter les regrets d'habitués qui n'avaient pas assez d'yeux pour la contempler.

M.lle EMI. CONTAT.

M.lle Emilie, sait apprécier la réputation dont elle jouit; elle n'aime pas à se rendre populaire; c'est d'un très-mauvais ton. Elle pense sans doute, que moins on la voit, plus on la desire; la rusée soubrette a raison.

M.lle DEMERSON.

A eu sur la scène française d'heureux débuts; et en disant qu'elle a fait et fait encore des progrès sensibles et rapides, c'est rendre justice à ses talens.

M.me THÉNARD.

Se retire à Pâques.

M.me PELICIER.

C'est une actrice utile que l'on garde faute de meilleures, elle double M.me Thénard dans l'emploi des mères.

M.lle DUPONT.

Soubrette généralement aimée, mettant beaucoup de finesse dans son jeu et capable d'heureux et longs succès.

M.lle RÉGNIER.

L'on prétend que M.lle Régnier s'est engagée pour Pâques au théâtre de la Porte Saint-Martin ; elle préfère être la première dans le mélodrame que l'*Oméga* dans la tragédie.

M.lle LILI.

Nièce de M.lle Bourgoin, elle promet une figure aussi jolie que celle de sa tante, et des talens que déja MM. les journalistes encouragent. Elle remplit tous les rôles d'enfant avec une intelligence au-dessus de son âge.

LE BOUQUET.

Il est dans la vie certaines transactions que les hommes comme les femmes se voient contraints d'opérer en dépit de leur amour-propre. M.lle Mars qui s'amuse à ventriloquer (1), pour égayer sans doute le parterre, ne se trou-

---

(1) Dernièrement dans l'Homme à bonnes Fortunes, elle s'avisa de contrefaire la voix de M.lle Leverd, qui s'en vengera bien.

verait-elle pas dans le cas de la transaction ? — Malgré la foule des prôneurs et des enthousiastes, je me ferais un cas de conscience, si je ne l'avertissais en bon chrétien, de sa disgrace prochaine (1). N'est-il pas même de l'intérêt du public de désirer le changement d'emploi de cette actrice? Ou ne serait-il pas glorieux pour elle de se retirer du théâtre avec tous les honneurs du triomphe ! Nous ne sommes plus dans le siècle des prophéties, car j'oserais lui prédire que si elle persiste à nous entretenir de ses graces, de sa naïveté, le nombre de ses prosélytes diminuera sensiblement; et ce soleil, d'abord plein d'éclat, ne sera plus qu'une planète presqu'imperceptible. — Un habitant du *Don* pourrait ajouter que le baume régénérateur dont on l'accuse imprudemment de se servir, n'a qu'une vertu instantanée. Qui donc la remplacera ?

M.lle Bourgoin, par ses jolis traits, est digne de figurer à côté des beautés célèbres

---

(1) L'on m'accusera peut-être de partialité, et l'on aura tort. Je suis un des plus zélés admirateurs des talens de M.lle Mars. Et c'est avec peine que je prévois une disgrace dont elle peut encore, et avec art, reculer la fâcheuse époque.

dont s'enorgueillissait autrefois Athènes. Si elle s'adonnait, ou plutôt si on lui permettait de se livrer à l'étude, je suis persuadé qu'elle pourrait égaler un jour Mlle Mars qui la retient dans une sorte de vasselage. — Mlle Leverd est unique dans les rôles de coquette; qu'elle se borne à l'emploi qu'elle occupe; l'imiter est chose impossible. — Mlle Rose Dupuis qui a volé les traits de Vénus, demeure ensevelie dans l'oubli. Si on lui laissait la faculté d'étendre ses talens, j'ai l'intime conviction que le public gagnerait beaucoup à la licence. Reste Mlle Volnais, la plus attentive aux conseils des vrais amis; c'est même avec peine que j'ai trouvé sa déclamation mélancolique, car cette aimable actrice, par son application constante, mérite de grands éloges.

FIN.

www.ingramcontent.com/pod-product-compliance
Lightning Source LLC
Chambersburg PA
CBHW060616050426
42451CB00012B/2287